Wicca Para Principiantes:

Una Guía Metafísica De
Meditación, Magia Y
Manifestación. Para Wiccanos,
Brujas Y Practicantes De Magia.

Table of Contents

Table of Contents 2
Capítulo 1: Fundamentos de la Wicca 6
Capítulo 2: Rede Wiccano y Ardanes 14
Capítulo 3: La Wicca 71
Capítulo 4: Comenzar con Wicca 78
Capítulo 5: Trabajos de hechicería 86
Conclusión 99

© Derechos de autor de EasyTube Zen Studio 2024 - Todos los derechos reservados.

El contenido contenido en este libro no puede ser reproducido, duplicado o transmitido sin permiso directo por escrito del autor o del editor.

En ningún caso se responsabilizará al editor o autor de cualquier daño, reparación o pérdida monetaria debido a la información contenida en este libro, ya sea directa o indirectamente.

Aviso Legal:

Este libro está protegido por derechos de autor. Es solo para uso personal. No puedes modificar, distribuir, vender, usar, citar ni parafrasear ninguna parte, o el contenido dentro de este libro, sin el consentimiento del autor o editor.

Aviso de responsabilidad:

Tenga en cuenta que la información contenida en este documento es solo para fines educativos y de entretenimiento. Se ha realizado todo el esfuerzo para presentar información precisa, actualizada, confiable y completa. No se declaran ni se implican garantías de ningún tipo. Los lectores reconocen que el autor no está brindando asesoramiento legal, financiero, médico o profesional. El contenido de este libro ha sido derivado de diversas fuentes. Consulte a un profesional con licencia antes de intentar cualquier técnica descrita en este libro.

Al leer este documento, el lector acepta que en ningún caso el autor es responsable de cualquier pérdida, directa o indirecta, que se produzca como resultado del uso de la información contenida en este documento, incluidos, pero no limitados a, errores, omisiones o inexactitudes.

Capítulo 1: Fundamentos de la Wicca

Para un principiante, es importante entender la ideología detrás de lo que estás a punto de involucrarte, así que este capítulo será tu trampolín. En él, aprenderás definiciones básicas, así como la historia detallada de los miembros fundadores que hicieron que la Wicca sea lo que es hoy en día. Así que empecemos con algunas definiciones.

Definiciones básicas.

Wicca: una práctica neopagana creada a mediados del siglo XX. Tiene raíces pre-cristianas y se considera una artesanía basada en la Tierra. Esta es una fe politeísta con muchos escritos que discuten la etiqueta, prácticas habituales, sabbats, ceremonias, la divinidad y, por último, las magias. La doctrina que se consideraría para la Wicca se llama un Rede. Aunque no es tan estricto ni vinculante como lo son los cristianos con la biblia, este es un manifiesto muy importante en el decoro de las brujas.

Coven: por lo general formado por 10 a 15 miembros que fueron iniciados en las filas. Los covens normalmente tienen su propio conjunto de prácticas basadas en una variación, interpretación o un aspecto de la fe de Wicca. Como miembro de dicho coven, estás en comprensión de esas prácticas e interpretación. Los rangos están etiquetados con grados de orden, como primer grado para el dominio de la magia, segundo grado para el dominio de ceremonias, y el tercer grado para aquellos que desean entrar en la sacerdocio. Los grados de sacerdotisa tienen sus propias marcas de maestría. Cada marca de maestría surge como resultado de la tutela del líder del coven.

Paganismo - generalmente aceptado como cualquier forma de práctica religiosa fuera de las religiones principales como el Cristianismo, Judaísmo e Islam; aunque este término se usa normalmente en relación a prácticas no cristianas o bíblicas. El término fue encontrado por primera vez en el cuarto siglo por los primeros Cristianos para describir a las personas dentro del Imperio Romano que continuaban teniendo prácticas politeístas.

Neopaganismo: es considerado como una versión contemporánea de practicar tradiciones paganas históricas, alejadas de prácticas religiosas convencionales. Sin embargo, el neopagano de hoy no está obligado a no practicar ninguna religión principal si creen que esta es su forma. Este movimiento contemporáneo es una forma de fe abierta y aceptante donde el individuo puede tener una mezcla de creencias tradicionales y principales si así lo desean.

La Fundación de la Historia Wicca.

Gerald Gardner (1884 - 1964), también conocido como el "Padre de la Wicca", es responsable de la definición y práctica de la brujería en el mundo moderno, y fundó la Brujería Gardneriana a mediados del siglo XX después de la derogación de la Ley de Brujería de Gran Bretaña en 1951. Utilizó su variado conocimiento de su carrera y observaciones en Asia, su conocimiento como Masón Libre, su tiempo practicando el oficio con otros covens, su inspiración del ensayo de Margaret Murray sobre la Hipótesis del Culto de las Brujas, así como los escritos del ocultista místico británico Edward Alexander Crowley (infamemente conocido como Aleister Crowley) para hacerlo posible. A través de su Coven Brick Wood, Gardner pudo iniciar a muchos, incluyendo aquellos que pasarían su marca de maestría hacia la Sacerdotisa de Alta. Estos maestros, a su vez, seguirían adelante para hacer sus propios covens o unirse a uno nuevo. Gardner mismo afirmó que el término "Wica" le fue referido por brujas que conoció inicialmente como una manera de describirse a sí mismas, mientras que la frase "Culto de Brujas" era para describir su religión. Wica luego se convirtió en Wicca a medida que las publicaciones posteriores comenzaron a estandarizar su ortografía, aunque se dice que un hombre llamado Charles Cardell fue el primero en acuñar el término. Sin embargo, incluso su referencia se remonta al uso de "Wiccen" por parte de su madre. Hay un museo dedicado al trabajo de Gerald Gardner. El Museo de la Brujería está en la Isla de Man y está abierto al público para que el mundo pueda ver sus obras, y las de sus compañeros, en hacer que la Wicca sea públicamente aceptada como una fe basada en la naturaleza al proporcionar más educación sobre el oficio en lugar de mantenerlo como un secreto oscuro con intenciones horrendamente oscuras.

Junto con Gardner, la Wicca no estaría

donde está ahora sin la inmensa influencia de Doreen Edith Dominy Valiente (1922-1999), quien escribió muchos trabajos de investigación, libros y abrió camino a nuevas tradiciones de Wicca. Doreen también es conocida como la Madre de la Brujería Moderna por sus contribuciones hacia el perfeccionamiento de la artesanía de Wicca. Fueron sus icónicas ocho palabras las que se conocieron como el Wiccan Rede. Fue el conocimiento práctico de la magia de Doreen cuando era adolescente y su extensa investigación sobre los diversos tipos de artesanías, así como el conocimiento que poseía como Suma Sacerdotisa, lo que no solo la llevó a formar su propio grupo, sino también a ser un miembro influyente de otros grupos también.

Ella escribió gran parte de las costumbres, ética, decoro y etiqueta tempranos de Wicca mientras estaba en la era Gardneriana del aquelarre Brick Wood durante sus años fundacionales. Gerald Gardner inició a Valiente como Suma Sacerdotisa del aquelarre. Más tarde se separó del aquelarre debido a diferencias en la dirección de la ley, nueva tradición, costumbres del aquelarre y el comportamiento de Gardner hacia la publicidad y aceptación de Wicca. Doreen fue fundamental en romper el molde en las reglas de iniciación que dictaban que solo se podía ser iniciado en un aquelarre por un miembro existente. Abogó por que cualquiera pudiera unirse independientemente de este estándar.

La brujería gardneriana destacaba el aspecto femenino como líder y el equivalente masculino de su elección. En este caso, la Suma Sacerdotisa elegiría a su propio Sumo Sacerdote para liderar el aquelarre, al igual que la Diosa tiene su consorte masculino, el Dios. La iniciación solo puede ser realizada a través de la Suma Sacerdotisa o el Sumo Sacerdote. El aquelarre de Gardner participaba voluntariamente en sesiones desnudas que se llevaban a cabo en los Sabbats, en sus reuniones de Luna Llena, y decidieron personalizar estas sesiones para formalizar las ahora estándar ocho festividades en la Rueda Wicca. Estas festividades estacionales son:

- Medio invierno (Yule) - 20 al 23 de diciembre.

- Imbolc - 2 de febrero.

- Equinoccio de primavera (Ostara) - 19 al 22 de marzo.

- Beltane - 1 de mayo.

- Mitad del verano (Litha) - 19 al 23 de junio.

- Lammas/Lughnasadh - 1 de agosto.

- Equinoccio de Otoño (Mabon) - 21 al 24 de septiembre.

- Samhain (Día de Todos los Santos) - 1 de noviembre.

Este calendario de celebraciones está organizado en torno a dos eventos de solsticio y dos eventos de equinoccio, con cuatro celebraciones trimestrales para marcar el punto intermedio de cada uno. Aunque la Wicca gardneriana practicaba un método controvertido para potenciar la energía, es fácil decir que muchos covens han decidido adoptar otros métodos de adoración.

Capítulo 2: Rede Wiccano y Ardanes

La Ley de Wicca.

En relación con el fundador de la Wicca, que fue fundada en la Inglaterra de los años 1950, hubo otros que tomaron nota de las enseñanzas de Gardner y las combinaron con el conocimiento que investigaron, o ya sabían, y compartieron esas lecciones con sus compañeros de círculo en todo el mundo. Entre esas lecciones estaban ocho palabras que se presentaban como el lema ético de los wiccanos:

"Y si no haces daño a nadie, haz lo que quieras."

Estas ocho palabras son conocidas mundialmente como el Rede Wiccano, una guía para que los compañeros wiccanos vivan siempre y cuando no lastimen a nadie más. Sin embargo, esto no se escucharía hasta 1964 cuando, mientras asistía a una convención de brujas, Doreen Valiente pronunció estas palabras anglosajonas durante un discurso sobre el respeto a otros aquelarres y personas en general. Estas ocho palabras harían su ronda, siendo repetidamente utilizadas en otras publicaciones y, a veces, sin dar crédito a Doreen. Como respuesta al Rede de Valiente, una bruja de Connecticut llamada Lady Gwen Thompson (nombre real Phyllis Thompson) publicó un artículo en un volumen Ostara 1975 (vol. 3, no. 26) de la revista Green Egg llamado "Wiccan-Pagan Potpourri," donde un poema de 26 líneas llamado "Rede de los Wiccaos" hizo su debut.

Ser conocido como el consejo de los Sabios:

1.

Deben respetar las Leyes Wiccanas
Deben tener Amor Perfecto y
Confianza Perfecta.

2.

Vive y deja vivir - Toma justo y da
justo.

3.

Lanza el círculo tres veces alrededor
Para mantener alejados a todos los
espíritus malignos.

4.

Para atar el hechizo cada vez - Que el hechizo sea hablado en rima.

5.

Suave de mirada y ligero de toque - Habla poco, escucha mucho.

6.

Girar en sentido de las agujas del reloj pasa la Luna creciente - Canta y baila la runa Wicca.

7.

Widdershins van cuando la Luna mengua, y el Hombre Lobo aúlla junto a la temible Aconito.

8.

Cuando la Luna de la Dama es nueva, besa tu mano dos veces en su honor.

9.

Cuando la Luna cabalga en su máximo esplendor, busca los deseos de tu corazón.

10.

Atiende al poderoso viento del norte - Cierra la puerta y baja la vela.

11.

Cuando el viento viene del Sur, el Amor te besará en la boca.

12.

Cuando el viento sopla del Este, espera lo nuevo y prepara el festín.

13.

Cuando sopla el viento del Oeste

sobre ti, los espíritus difuntos están inquietos.

14.
Nueve maderas van al Caldero - Quémelas rápido y quémelas despacio.

15.
Anciano seáis árbol de la Dama - No lo queméis o seréis maldecidos.

16.
Cuando la Rueda comience a girar - Que ardan las hogueras de Beltane.

17.
Cuando la Rueda haya girado a Yule, enciende el tronco y deja que Pan gobierne.

18.
Oíd arbusto de flores y árbol - Por la Dama Bendita Sea.

19.
A donde van las aguas ondulantes, arroja una piedra y sabrás la verdad.

20.
Cuando tengas necesidad, no escuches la codicia de los demás.

21.
Con el tonto, no dediques tiempo Ni seas contado como su amigo.

22.
Feliz encuentro y feliz partida - Brillantes las mejillas y cálido el corazón.

23.
> *Debes tener en cuenta la Ley del Triple Retorno - Tres veces malo y tres veces bueno.*

24.
> *Cuando la desgracia es presente, lleva la Estrella Azul en tu frente.*

25.
> *Cierto en el amor para siempre será, a menos que tu amante te sea infiel.*

26.
> Ocho palabras que el Wiccan Rede cumple - Y si no hace daño, haz lo que quieras.

Lady Gwen Thompson (1928 - 1986) fue una bruja de New Haven, Connecticut. Fue iniciada en la artesanía por su abuela, Adriana Porter. Cuando se convirtió en adulta, fundó su propio aquelarre, el Aquearre de Brujas Tradicionalistas de Nueva Inglaterra, donde pudo transmitir las tradiciones celtas de su familia a los miembros que se unieron. Fue su abuela a quien Lady Gwen no solo dedicó, sino que afirmó como una bruja hereditaria con orígenes en Somerset, Inglaterra, y que este rede fue uno que se transmitió en su familia. Lady Gwen también le agregó una mezcla de ideales modernos. El rede de Lady Gwen también es un credo fácilmente reconocible de la fe Wiccan. Tres años después, en 1978, Doreen Valiente publicó su libro Brujería Para Mañana en el que abordó la idea de que el rede fuera colocado en rima.

"Esta idea ha sido plasmada en un pareado rimado llamado el Rede Wiccano:

Ocho palabras la Rede Wiccan cumple

Si no perjudica a nadie, haz lo que quieras.

Esto puede expresarse en inglés más moderno de la siguiente manera:

Ocho palabras cumplen el Credo de las Brujas:

Si no hace daño a nadie, haz lo que quieras.

Valiente también incluyó una versión más larga de esta nueva revisión en su libro y la llamó El Credo de las Brujas:

El Credo de las Brujas

Escucha ahora las palabras de las brujas,

Los secretos que escondimos en la noche,

Cuando oscuro era el camino de nuestro destino.

Eso que ahora sacamos a la luz.

Agua y fuego misteriosos,

La tierra y el aire extenso,

Por quintaesencia oculta, los conocemos.

Y querer y guardar silencio y atreverse.

El nacimiento y renacimiento de toda la naturaleza,

El paso del invierno y la primavera,

Compartimos con la vida universal.

Regocíjate en el anillo mágico.

Cuatro veces al año el Gran Sabbat.

Vuelven, y se ven brujas

En Lammas, y en Candlemas bailando,

En la víspera de mayo y en la antigua Noche de Brujas.

Cuando el día y la noche son iguales,

Cuando el sol está en su mayor y menor punto,

Los cuatro Menores Sabbats son convocados.

Nuevamente las brujas se reúnen en fiesta.

Trece lunas plateadas en un año son.

Trece es la formación del aquelarre.

Trece veces como Esbat festeja,

Por cada año dorado y un día.

El poder fue transmitido a lo largo de las edades.

Cada vez entre mujer y hombre,

Cada siglo al otro,

Antes de que el tiempo y las eras comenzaran.

Cuando se dibuja el círculo mágico,

Por espada, athame o poder.

Su brújula yace entre los dos mundos.

En la Tierra de las Sombras por esa hora.

Este mundo no tiene derecho a saberlo.

Y el mundo más allá no dirá nada,

Los dioses más antiguos son invocados allí.

El Gran Trabajo de la magia ha sido realizado.

Porque dos son los pilares místicos.

Que permanecen en la puerta del santuario.

Y dos son los poderes de la naturaleza.

Las formas y las fuerzas divinas.

La oscuridad y la luz en sucesión.

Los opuestos el uno al otro,

Mostrados como un Dios y una Diosa,

De esto enseñaron nuestros ancestros.

Por la noche es el jinete del viento salvaje.

El Cornudo, el Señor de las sombras,

De día es el Rey de los Bosques.

El habitante de los claros del bosque verde.

Ella es joven o vieja según le plazca,

Navega por las nubes desgarradas en su barca.

La brillante dama plateada de medianoche,

La anciana que teje hechizos en la oscuridad.

El maestro y la señora de la magia.

Residen en las profundidades de la mente.

Inmortal y siempre renovador,

Con el poder de liberar o de atar.

Así que bebe el buen vino a los Viejos Dioses.

Y bailar y hacer el amor en su alabanza,

Hasta que la hermosa tierra de Elphame nos reciba,

En paz al final de nuestros días.

Haz lo que quieras será el desafío.

Así sea en el Amor que no daña a nadie,

Porque este es el único mandamiento.

Por la magia de antaño, que así sea.

A diferencia del credo de Lady Gwen, el credo de Valiente fue formulado para ser recitado como parte del Rito del Sabbat. Esto se leía cuando todos formaban un círculo. Este poema se leía, seguido luego por las santas ocho palabras del Rede Wiccano "An' it harm none, do what ye will".

Además del Rede de los Wiccanos, el Rede de las Wiccae y el Credo de las Brujas, tenemos la Ley de los Tres, o también llamada la Ley de Retorno. Esta es otra faceta ética estructurada para que las brujas consideren las ramificaciones de sus acciones antes de lanzar un hechizo como un acto de bondad o malicia; porque lo que envíes regresará a ti tres veces. Esto se considera la segunda regla ética en la Wicca o el lanzamiento de hechizos en general. Lo interesante de esta regla es que no está exclusivamente ligada al lanzamiento de hechizos, sino a la energía en general. En términos comunes, esto se suele llamar Karma, la influencia cósmica responsable de las consecuencias divinas. El Karma puede ser visto como uno de los grandes equilibradores en términos de mantener el balance de energía en el universo. Piensa en ello como el Lado Claro y Oscuro del Yin y Yang. Siempre habrá un equilibrio igual de luz y oscuridad, sin embargo, el objetivo de la regla de tres veces es brindar a la persona que gasta esa energía e intención un momento reflexivo para reflexionar.

Las Leyes Wiccanas (Ardane).

Las Leyes Wiccanas (o Leyes del Oficio) fueron creadas por Gardner en 1957. Estas leyes también eran conocidas como las Ardanes Gardnerianas y se suponía que estaban basadas en las antiguas costumbres, sin embargo, se descubrió que estaban basadas en una serie de cosas modernas incluyendo el propio Libro de las Sombras de Gardner. Las leyes eran una mezcla de frases modernas (para la época) y arcaicas que trataban con la teología de la Wicca, consejos y seguridad del aquelarre.

Aquí están las antiguas Ardanes Gardnerianas (circa 1957) según www.oldways.org/ardanes.html:

1. *Estas leyes fueron creadas a partir de las antiguas costumbres. Estas leyes fueron hechas para ayudar a los Wicca en sus problemas.*
2. *Todo Wicca debe adorar y dar gracias a la Diosa y al Dios. Wicca debe obedecer su voluntad ya que fue dicha por el bien de su ser. Por lo tanto, el lugar de un Wicca es dar gracias por la Diosa y el Dios.*
3. *La Diosa y el Dios aman a los wiccanos, al igual que un hombre ama a una mujer amándola. El wiccano siempre mostrará amor por la Diosa y el Dios amándolos. Asegúrate de que el templo que formamos para la Diosa y el Dios, cuando se forma el Círculo, esté formado y purificado, para que pueda ser un hogar maravilloso para que la Diosa y el Dios entren.*
4. *Todo Wiccano debe prepararse para su adoración purificándose para poder estar en presencia de la Diosa y el Dios. Siempre ven con amor y alabanza en tu corazón mientras*

elevas la energía en tu cuerpo y la envías a la Diosa y el Dios. Esto es lo que siempre nos han enseñado.

1.

Esta es la única forma en que los humanos podemos comunicarnos con la Diosa y el Dios, ya que la Diosa y el Dios no pueden ayudarnos a los humanos sin la ayuda de nosotros los humanos primero.

1.

La Suma Sacerdotisa y el Sumo Sacerdote de sus respectivos covens serán los representantes de la Diosa y el Dios como el apoyo de la Diosa y el Dios. La Suma Sacerdotisa es quien elegirá al Sumo Sacerdote ya que ella es de rango más alto.

1.

Se dice que Dios mismo, besó sus pies cinco veces en alabanza y postró su poder a los pies de la Diosa, porque era su juventud, su dulce bondad, su sentido de la justicia y sus palabras de sabiduría, su humilde naturaleza dadora, que el Dios se postró y le dio su poder. La Sacerdotisa siempre debe mantenerse humilde a la luz del poder otorgado por Dios. Dios sólo lo otorga cuando la sabiduría y la justicia están presentes. El mayor activo de la Gran Sacerdotisa es su juventud, ya que representa la juventud de la Diosa y así ella puede retirarse al envejecer para dejar espacio a una Gran Sacerdotisa más nueva y joven si su aquelarre vota por ello. Una verdadera Gran Sacerdotisa aceptará esto con gracia como la personificación de una de las virtudes y sacrificará su orgullo a cambio de otro para encontrar su lugar nuevamente en otro momento.

1.

En el mundo antiguo, cuando las Brujas éramos aceptadas, podíamos adorar en algunos de los templos más grandes. Hoy en día debemos aceptar nuestra situación y celebrar nuestra adoración gloriosa en secreto.

1.

Que así sea el Ardane, que solo una Wicca pueda conocer los secretos del aquelarre, ya que el enemigo es de muchos y podríamos exponernos al peligro. Que sea el Ardane que todos los aquelarres no sabrán dónde está otro aquelarre o quiénes son sus miembros, excepto la Suma Sacerdotisa y su Sumo Sacerdote. Solo cuando sea seguro y protegido podrán reunirse los aquelarres, ya que, en celebración, tendremos grandes festividades. No preguntaremos de dónde vienen los otros ni daremos nombres reales.

1.

Si llega el momento en que estás en peligro; incluso ante un dolor extremo, no nos expondrás.

1.

Que el Ardane sea que nadie hable

del hechizo que proviene de una Wicca, ni mencionarás nombres ni dónde viven, ni darás ninguna información que pueda llevar a la traición y a un ataque de nuestros enemigos. Si alguien rompe estas reglas, incluso bajo pena de tortura, que la Diosa los maldiga por completo para que nunca vuelvan a renacer en la Tierra.

1. *Cada Suma Sacerdotisa es la líder de su aquelarre. Ella gobierna mientras mantiene un sentido de amor y justicia, ya que es la que también consulta con los ancianos y dirige consejos al Mensajero de la Diosa y el Dios cuando es necesario.*

1. *La Suma Sacerdotisa escuchará todas las quejas de los miembros del aquelarre e intentará solucionar los problemas entre ellos. Debe saberse que incluso siendo miembros del aquelarre, es posible que no estemos de acuerdo o no veamos las cosas de la misma manera. Las disputas suceden.*

1. *Solo porque no estés de acuerdo no hace que la otra persona sea mala, pueden tener buenas ideas, y esas ideas deben ser llevadas ante el aquelarre. Si el miembro no está de acuerdo con el aquelarre, o si se niega a adorar bajo el liderazgo de la Suma Sacerdotisa, tiene que ser*

dicho, por nuestras leyes, y por el bien de conveniencia para los miembros del aquelarre frente a evitar tal conflicto, que cualquier miembro desviado es libre de encontrar un nuevo aquelarre, especialmente si viven más lejos del aquelarre o si están a punto de mudarse lejos de dicho aquelarre. Cualquier persona que desee formar su propio aquelarre dentro de los límites del Covendom deberá discutir esto con los Ancianos. Después de lo cual son inmediatamente removidos del aquelarre a un nuevo Covendom. Otros miembros que deseen unirse a aquelarres recién formados, pueden hacerlo retirándose por completo de su antiguo aquelarre. Los Ancianos de ambos aquelarres se reunirán para discutir pacíficamente los límites entre los aquelarres.

1.
   Otros hechiceros que no forman parte de un aquelarre o del Covendom pueden unirse como son, pero no se les permite unirse a ambos. Con el consentimiento de los Ancianos, podemos reunirnos para festividades en el verdadero nombre de la paz y el amor fraternal. Dividir un aquelarre significa traer discordia. Es por esta razón que estas leyes fueron creadas hace mucho tiempo. Que la Diosa maldiga por completo a aquellos que las deshonran, así sea Ardaned.

1.
   Asegúrate de mantener tu libro de sombras para ti mismo. Escribe dentro de este libro tus propias creaciones y permite que otros lo compartan si así lo desean. Siempre mantén este libro a tu lado y nunca guardes el libro de alguien más como propio, ya que sus propias escrituras les pertenecen para comprender, interpretar y aprender de ellas.

1.
   Guarda bien tu libro y destrúyelo si te sientes amenazado o atacado. Siempre haz tu mejor esfuerzo por conocer tu libro de memoria para que puedas recordar lo que está escrito, porque cuando el peligro haya pasado, puedes crear un nuevo libro utilizando tu conocimiento guardado. Es por esta razón que si

alguien fallece, destruye su libro si aún no lo ha hecho. Si alguien lo encontrara, sería utilizado como un arma en su contra. Por eso, deshazte siempre de cosas innecesarias. Si te encuentran con tu libro, será utilizado en tu contra como prueba de tu oficio. Podrías ser torturado, así que mantén alejados todos los pensamientos sobre el funcionamiento interno del oficio de tu mente.

1.

Si la tortura es demasiado para ti manejar, solo di "Confesaré. No puedo soportar esto por más tiempo. Dime qué quieres que diga y lo diré". Si quieren que hables del aquelarre, no lo hagas. Si te acusan de falsedades como volar en escoba, tener sexo con su demonio cristiano, sacrificio infantil, o canibalismo; para aliviar la tortura di: "Tuve un horrible sueño y no era yo misma. Estaba confundida y no podía controlar mis acciones".

1.

No todos los funcionarios de la ley son malos. Hay quienes solo necesitan una razón para mostrarte misericordia. Si ya confesaste, niega. Di que estabas bajo el dolor de la tortura y tuviste que hablar; que solo decías cualquier cosa para que se detuvieran. Incluso si te condenan, no temas. Los Covendoms tienen un fuerte lazo y pueden ayudarte a escapar, simplemente mantente firme hasta entonces.

1.

    Si ya nos has traicionado, entonces ya estás condenado, en esta vida o la próxima; enfrentarás una vida eterna ardiendo, pudriéndote desde el interior y sintiéndote vacío. No podrás morir en paz y ser abrazado por el éxtasis de la Diosa.

1.

    Es probable que antes de ser torturado, seas drogado. Siempre comprende que los cristianos temen tanto que muchos mueren bajo tortura. Desmayarse es la primera señal que hayan causado, por lo que se detendrán. Es probable que los torturadores finjan cualquier tortura hacia ti, pero no lo harán. Así que haz tu mejor esfuerzo para no morir.

1.

    Si te dan drogas, eso significa que hay un aliado cerca que puede ayudarte a escapar. Así que no desesperes. Si lo peor sucede y estás a punto de arder, espera hasta que el humo sea lo suficientemente denso y inclina la cabeza y inhala profundamente. Trata de ahogarte y morir rápidamente para que puedas despertar en el abrazo de la Diosa.

1.

    Para evitar ser descubierto, deja que tu herramienta de bruja sean artículos regulares y comunes que otras personas tengan en sus hogares. Haz Pentáculos de cera para que puedas romperlos fácilmente. Nunca tengas una espada a menos que tengas un estatus que te permita tener una. Nunca pongas nombres o señales en las cosas que uses para la brujería.

1.

Para consagrar tus vasijas y signos con su propósito, escribe sus nombres en ellas, báñalas, y lávalas inmediatamente después. Nunca grabes, ya que pueden ser descubiertas. Deja que tus pistas permanezcan visibles solo para ti, para que sepas cuál es cuál. Recuerda, somos los Niños Ocultos de la Diosa y el Dios, así que nunca les hagas deshonra.

1.

Nunca presumas, nunca seas agresivo, nunca desees mal a los demás. Si alguien dentro o fuera del aquelarre intenta hablarte sobre la artesanía, diles: "No me hables de esas cosas. Me asustan. Me parecen malvadas." Esto es para evitar espías cristianos. Hablan como si tuvieran experiencia y como si hubieran asistido a las reuniones. Dirían cosas como: "Mi madre formaba parte de un aquelarre. Adoraban a los Antiguos. Ojalá pudiera ir yo mismo." Por esto, siempre niega todo conocimiento.

1.

Para otros, es una tontería hablar de brujas que pueden volar en escoba, ya que una bruja tiene que ser muy ligera. Otros también intentan decir que todas las brujas son viejas arrugadas y miopes, entonces ¿cuál es el punto de ir a estas reuniones de brujas? Como tal, la gente continúa con sus comentarios. Muchos de sus líderes religiosos ahora dicen que no existen tales personas, ni siquiera como broma. En el futuro, tal vez esta persecución en contra de nosotros desaparecerá y podremos adorar en paz y seguridad nuevamente. Así que oremos todos por ese día.

1.

Que aquellos que honran las bendiciones de la Diosa y el Dios sean quienes cumplan con estos Ardanes.

1.

Si el aquelarre tiene algún ingreso, que todos los miembros lo protejan y ayuden a mantenerlo claro por el bien del aquelarre ya que todo dinero ganado es ingreso para el aquelarre. Si hay miembros que lo ganaron, es su derecho que se les pague lo que se les debe. Que se sepa que este no es dinero utilizado para la artesanía, sino para su propio uso como individuos trabajadores. Como dicen los cristianos: "Deja que tu trabajo hable por ti". Si hay algún miembro que trabaja voluntariamente para el aquelarre sin cobrar, entonces es un verdadero honor. Que así sea Ardane.

1.

    Si hay argumentos entre los miembros del aquelarre, la Suma Sacerdotisa hablará inmediatamente con los Ancianos para tratar el asunto. Ambas partes serán escuchadas, primero por separado y luego juntas. Ningún lado es favorecido, ambos son juzgados de manera justa y equitativa.

1.

    En caso de que haya miembros que nunca estarán de acuerdo o que no puedan tomar decisiones justas e imparciales; para aquellos que siempre buscan poder para sí mismos solo hay una respuesta; deja el aquelarre y ve a otro lugar. O crea tu propio aquelarre y lleva contigo a aquellos que estén de acuerdo contigo. Para aquellos que no pueden ser líderes justos e imparciales, hay una respuesta para ti; la gente abandonará tus formas injustas y te quedarás solo. Nadie querrá asistir a reuniones con aquellos con los que tienen fricciones y nunca pueden ponerse de acuerdo en nada; para que tu aquelarre sobreviva, sé justo. Que así sea según Ardane.

1.

    En los días antiguos, cuando las

brujas tenían poder y reverencia, nuestros oficios se usaban hacia aquellos que nos trataban bien. Sin embargo, en estos tiempos oscuros, no podemos permitirnos hacer esto ya que nuestros enemigos han creado pozos de fuego eterno en los que dicen que su Dios arrojaría a todas las personas que lo adoren a menos que estés entre aquellos liberados por uno de los hechizos y misas de sus sacerdotes. Esto se hace principalmente dando dinero y regalos elevados a él para ganarse su favor ya que su gran Dios siempre necesita dinero.

1.

Como nuestra Diosa y Dios necesitan nuestra ayuda para producir humanos fértiles y cultivos, así es la necesidad del Dios cristiano de que los humanos nos busquen y nos destruyan. Sus sacerdotes les dicen como edicto que aquellos que nos ayuden o busquen nuestra ayuda con enfermedades serán arrojados a su Infierno por toda la eternidad. Esto vuelve locos de terror a sus hombres, por lo que les hacen creer que pueden escapar si entregan brujas a los torturadores. Es por esta misma razón que nos espían, con la esperanza de que si logran atrapar a uno de nosotros, serán perdonados de los fosos de fuego.

1.
> *Nosotros, los de la Wicca, tenemos nuestros escondites, y sin embargo los hombres siguen buscándonos solo para no encontrar nada. No es hasta que uno de los suyos muere o enferma cuando lloran y nos culpan, diciendo "es la malicia de las brujas," y su caza comienza de nuevo. Y aunque se han hecho daño a sí mismos matando a diez de los suyos por uno de los nuestros, aún así se descontrolan, pues mientras ellos son miles, nosotros somos solo unos pocos.*

1.
> *Que así sea, Ardane, que no se haga ningún mal a nadie por parte de aquellos que practican o usan artesanías, no importa cuánto nos lastimen. Mientras obedezcamos esta ley: "no hagas daño a nadie", con el tiempo la gente puede creer que ya no existimos. Que así sea, Ardane, que esta ley continúe protegiéndonos sin importar nuestra situación. "No importa qué herida hayas sufrido. No importa la injusticia que hayas cometido. Uno no debe usar su arte para hacer daño o mal a los demás."*

1.
> *No podemos dañar a ningún, como dice nuestro edicto, pero con grandes consultas con todos en el aquelarre, nuestra artesanía se puede usar para prevenir o frenar a los cristianos*

para que no nos hagan daño a nosotros y a otros, y solo eso. No se utiliza para castigar, ya que eso es causa de daño y mal querer. Muchas personas han muerto debido al daño y culpa que otros les han causado. En Inglaterra, hace muchos años que una bruja ha muerto. Sin embargo, aún debemos tener cuidado, ya que cualquier mal uso de la artesanía puede llevar a la persecución nuevamente. Por lo tanto, nunca rompas esta ley. Si sabes que se está rompiendo, entonces debes luchar en su contra, con fuerza. Si algún Sumo Sacerdotisa o Sumo Sacerdote está consintiendo este comportamiento, entonces deben abandonar inmediatamente el aquelarre, ya que están poniendo en peligro la unidad y el amor del aquelarre y sus miembros. Así que asegúrate de seguir las antiguas leyes y nunca aceptes dinero por tu artesanía, ya que ese dinero corromperá a quienes lo acepten. Son los carceleros, encantadores y sacerdotes de Cristo los que tienen hambre de dinero y te permitirán usar sus artes. Aceptar dinero por tu artesanía inculcará más tentación de usar la artesanía para propósitos malvados. Por lo tanto, que el aquelarre discuta esto con gran detalle y si todos están de acuerdo en no hacer daño, entonces que la artesanía se use. Por lo tanto, si no puedes encontrar una forma de alcanzar tus metas de una manera, tal vez puedas obtenerlas de una manera diferente para que nadie sea dañado. Que así sea Ardane.

1.

   Déjese saber que al encontrar una casa o terreno, y nadie esté dispuesto a vender, se recomienda persuadir al propietario para que venda voluntariamente sin hacerle ningún daño. Déjese saber que usted proporcionará el pago completo sin necesidad de regatear el precio. Por lo tanto, nunca menosprecie aquello que tiene la intención de utilizar para su arte o vivir en él. Así sea Ardane.

1.

   Está establecido en la antigua ley, y la más importante de esas leyes, que nadie puede poner en peligro la vida de nadie del aquelarre o exponerlos a la ley del país, o la ley de la iglesia o cualquiera de nuestros enemigos. No importa la discusión dentro de un aquelarre, nadie debe incitar a ninguna otra ley que no sean las del aquelarre y cualquier decisión dada por la Suma Sacerdotisa, el Sumo Sacerdote y los Ancianos. Y que la completa maldición de la Diosa recaiga sobre aquellos que lo hagan. Así sea Ardane.

1.

   Debido a las antiguas creencias del Cristianismo, nuestros opresores convirtieron en un ultraje contra su

Dios el no creer en la existencia de la Brujería, y por ende un delito negarlo. Por lo tanto está bien decir como lo hacen los cristianos: "hay brujas entre nosotros en esta tierra," y mantenerse fuera de sospecha. Siempre habla de manera que se ponga en duda que están cerca y que son viejas brujas que habitan en lugares oscuros y que se relacionan con el diablo cristiano y vuelan por el aire. Siempre pregunta cómo pueden volar los hombres por el aire si no son tan ligeros como una pequeña planta? Que la maldición completa de la Diosa recaiga sobre aquellos que arrojen sospechas sobre sus compañeros de coven, hablen de lugares de reunión, o de dónde viven otros miembros. Que así sea Ardane.

1.
> *Permita que el Covendom mantenga registros de todas las hierbas que son buenas para las personas, y todas las curas para que podamos aprender de ellas. Y permita que los Ancianos guarden otro libro con todas las plantas y hierbas venenosas para que aquellos en quienes confiamos puedan proteger este conocimiento. Que así sea Ardane.*

1.
> *Que las bendiciones de la Diosa y el Dios estén sobre aquellos que mantienen estas leyes intactas. Que las maldiciones tanto de la Diosa como del Dios se cumplan totalmente en aquellos que los deshonran. Que así sea Ardane.*

Desde entonces, muchas versiones de estas leyes han surgido debido a términos obsoletos y leyes no políticamente correctas. Una versión revisada recientemente de las leyes artesanales fue creada por Lady Galadriel. Estas ardanas fueron tomadas y reformuladas de cuatro libros de leyes artesanales que investigó: El Libro de la Ley, Las Antiguas Leyes para la Religión Antigua, El Gran Libro de la Ley y La Ley del Dragón. Ella utilizó su conocimiento de enseñar a grupos, liderar grupos y estos libros para crear un nuevo estándar para el mundo actual en su propio libro de leyes llamado El Nuevo Libro de la Ley.

El Nuevo Libro de la Ley.

1.

Las leyes fueron dadas al hombre para ayudarles a dar propósito y significado a sus vidas. Proporciona el equilibrio para nosotros en todos los reinos de la existencia. La verdad es que tenemos dos conjuntos de leyes: uno que nos educa en los caminos Wiccanos, el otro es el universo en sí. Los wiccanos no pueden existir sin forma y orden, y nosotros no podemos existir sin las bendiciones del universo, ya que son aspectos que nos brindan consejo, asesoramiento y educación en nuestras vidas en este planeta.

1.

Siempre da gracias y alabanza a la Diosa y al Dios, eso muestra honor. Honrélos y sé bendecido con la fuente de tu energía que yace dentro de ti. Ama a la Diosa y al Dios amándote a ti mismo y a tu aquelarre. Serás amado a cambio a medida que florece y crece más alto. Dúchalo con respeto y acepta la comprensión y el honor que has mostrado a la Diosa y al Dios.

1.

Nuestra Diosa es nuestra Gran

Madre al igual que el Dios, nuestro Gran Padre. Nosotros, los wiccanos, somos sus hijos, y como hijos, los adoraremos porque son nuestro universo y estamos dentro de él. Entonces, hijos de nuestra Diosa y Dios, no los pongan a prueba ya que los castigarán por burlarse de sus lecciones. Sean conscientes, hijos, las formas de la brujería nunca deben ser burladas ni desestimadas.

1.

    Abraza el poder de la artesanía que llevas dentro y deja que fluya con amor y nada más. La energía que creamos gira de muchas maneras, creando redes tejidas para eventualmente envolvernos, ya que siempre vuelve a su origen. Tú. Por lo tanto, o bien estamos enredados y atados por nuestras acciones, o bien somos abrazados por lo que la Diosa y el Dios nos han bendecido.

1.

    Dejemos que nuestro poder fluya como hijos de la Diosa y el Dios mientras disfrutamos bajo la luz de los Ritos de la Wicca y nos unimos como uno. Siempre debemos honrar y respetar a la Tierra. La sanaremos cuando esté enferma o herida. Atenderemos a sus necesidades proporcionándole poder y amor eterno. Ella es nuestra Diosa, nuestra Gran Madre. Es el barco en el que navegamos y trazamos nuestro curso para ayudarnos a atravesar mares tormentosos y tumultuosos del espacio y el tiempo.

1.
Los frutos de tu trabajo son cosechados, no de una sola porción sino de todo el campo. No te limites a un rincón o sección de tu jardín. Estas son tus bendiciones, tómalas todas y ofrece un gran agradecimiento a nuestra Madre Tierra ya sea directamente en tu altar, en el Círculo, o a través de la Suma Sacerdotisa y el Sumo Sacerdote.

1.
Siéntete orgulloso de quien eres como Wicca, pero nunca florezcas con vanidad. Aquellos que muestran soberbia bloquean su propio camino hacia el templo y nunca lo lograrán realmente. Serán arrastrados por ella y eventualmente olvidarán su amor.

1.
Escucha pacientemente. Observa en silencio. Deja que el juicio permanezca quieto hasta que todas las cosas hayan sido consideradas y los valores hayan sido sopesados.

1.
Las buenas nuevas engendran a aquellos que hacen el bien. Serás recompensado si genuinamente llevas amor y alegría contigo. Así como se cría como se cría, también lo hace un buen abrazo.

1.
   La Suma Sacerdotisa y el Sumo Sacerdote, son los servidores de la Diosa y el Dios. Es su deber sembrar el suelo de tu mente con conocimiento y usar su poder para el bien del aquelarre. Asegúrate de cuidar las semillas y fertilizar el suelo cuando las cosas hayan sido plantadas. Déjalas germinar y brotar, ya que se convertirán en una cosecha muy fructífera. Aquellos que abusen de esta confianza perderán su posición con sus maestros y líderes del aquelarre y tendrán que soportar la respuesta que el Karma tiene para ellos.

1.
   Todos los Círculos son una familia. Y todas las familias de Wicca son hijos de la Diosa y el Dios. Sus templos son sus hogares y sus hogares son los Círculos que llamamos familia. Nunca menosprecies el templo ni tu familia de Wicca a menos que quieras a la Diosa y el Dios en tu contra.

1.
   Nunca mientas a nosotros, hijos de la Diosa y el Dios. Nunca debes guardar rencor o pensamientos oscuros contra nadie de la Wicca.

1.
   Los ancianos aportan sabiduría adicional, así que nunca les mientas ni acuses falsamente a otro frente a

ellos. Serás un mentiroso, un tonto y un desastre caótico para ti mismo y tu amor como Wicca. Sé honesto, sé veraz en todo lo que haces y dices dentro y fuera del Círculo, porque lo que emitas volverá en lo manifiesto.

1.

    Nunca muestres malicia, rencor o prejuicio hacia aquellos que no siguen el camino de la Wicca. Nunca debes creerte más justo que los demás, pero debes ayudarlos con amor cuando sea necesario. Si alguna vez consuelas a los Ancianos y no dices nada a otros sobre dónde tenemos nuestras reuniones, tampoco debes revelar nuestros caminos sin su consentimiento o el consentimiento de la Suma Sacerdotisa.

1.

    Profesar un voto a un Señor o Señora, o jurar una promesa a otro/a Wicca, entonces uno debe hacer todo lo que han confesado hacer ya que esto es visto como un convenio entre la Diosa, el Dios y el Círculo. Tu honor es tu palabra. Tus acciones deberían hablar en lugar de tus palabras. Tu alma está atada a tus palabras.

1.

    Los Antiguos y Poderosos harán que se haga el equilibrio para aquellos que profanan al Señor y la Dama, sus templos o sus creaciones. Nuestra

Gran Madre y nuestro Gran Padre son antiguos y todopoderosos. Nosotros, como sus hijos, somos preciosos para ellos y nunca querrían vernos sufrir en sus nombres. Como ves, lo que yace en el corazón y el alma de los hijos es verdadero para los padres.

1.

Wicca nunca causará daño. Nunca uses la magia para hacer daño, ya que esto es un abuso del poder que se te ha regalado y nunca es apoyado. Lastimar y ser la causa de una muerte a través de la artesanía es colocarse a uno mismo como una muerte sacrificial.

1.

La tradición de nuestro pueblo y la familia de tu aquelarre son sagradas y nunca deben ser traicionadas. Todos somos servidores de la Diosa y el Dios y debemos regirnos por las virtudes de honrar el amor y la sabiduría que se nos han otorgado. Que el credo de lealtad y verdad camine contigo con honor y te guíe.

1.

Cree cuando realmente creas. Mantén el Orden de los Dioses intacto y di "Creo", cuando entres en sus Círculos. Nunca afirmes lo que suena correcto cuando no crees desde el interior. Primero cree, luego entra en el Templo.

1.

La Diosa y el Dios aman a todos sus

hijos, así que nunca deshonres su amor usando emociones oscuras para pronunciar sus nombres y lastimar a otros, ya que la Diosa y el Dios aman incluso a aquellos que no son conscientes de ellos, pero aquellos que usan sus nombres para maldecir verán su valía disminuida por los Poderosos.

1.

Cualquier desacuerdo entre los miembros del aquelarre será evaluado dentro del aquelarre o por la Suma Sacerdotisa o Sumo Sacerdote, o los Ancianos.

1.

Ningún Wicca debe comprometerse en actividades que pongan en peligro las Artes, la Craft, o el aquelarre. Tampoco debes llevar el camino Wicca a la ley del país o de nuestros perseguidores por temor a conflictos.

1.

Las herramientas mágicas son tus canales para fortalecer tu conexión con la Diosa y el Dios. Nunca menosprecies su importancia empeñándolas.

1.

No vendas tu poder al mejor postor. Son aquellos que se hacen pasar por hechiceros, los charlatanes, quienes aceptan voluntariamente dinero por su poder. No aceptar dinero significa libertad de la oscura tentación de usar tu don para hacer daño a otros o por causas superficiales.

1.
   Nunca robes cosas que no son tuyas. Se necesitará un equilibrio si lo haces. Si tomas lo que no te pertenece, entonces algo más valioso te será quitado para que se logre el equilibrio nuevamente.

1.
   Las opiniones de usted son mostradas en los ojos de los demás. Así que respételas y muéstreles honor para que no le falten respeto y honor a cambio.

1.
   Wicca nunca esclavizará a otros porque el espíritu de otro pertenece a nuestra Gran Madre y nuestro Gran Padre. Uno nunca debe comprometerse a quitar la vida de otra persona, ya que esto es una gran traición y te maldecirás para siempre.

1.
   Si un extraño se queda contigo, nunca les hagas daño y aún así trátalos como tratarías a tu Círculo. Ellos son iguales a ti como si hubieran nacido lado a lado. Trátalos como te tratarías a ti mismo.

1.
   Las Leyes del Tres serán reconocidas ya que el Universo siempre es justo y siempre mantendrá el equilibrio debido.

1.
   Atiende tus altares con amor y

cuidado. Mantenlos puros y sagrados, ya que esto significa tu amor por mantener el hogar de la Diosa y el Dios, así como tu Círculo un lugar sagrado y santo para adorar.

1.

Honra a nuestra Gran Madre y mantente limpio/a, junto con tus prendas y tus viviendas.

1.

Rinde homenaje a aquellos que han fallecido con amor, honor y respeto a menos que así lo decreten los líderes del aquelarre.

1.

No participes en el acoplamiento con la única intención de dañar a otro o por avaricia. Tales uniones se consideran malicia y es este razonamiento oscuro lo que hará que el Universo busque un ajuste para mantener el equilibrio y también dañar al aquelarre.

1.

Que aquellos que aman, amen de verdad y sean uno. Unirse en matrimonio y tener hijos para que la unión de dos almas en una sea la energía más hermosa con la que podemos honrar a la Diosa y al Dios. Que nuestros hijos conozcan los aspectos que les dieron vida.

1.

Las leyes de nuestra Gran Madre, la Diosa, son desear que ninguna Wicca elija a alguien para casarse si no los *ama, ya que esto les hará daño a ti y al otro, especialmente si es por ganancia material.*

1.

Somos hijos de la Diosa y el Dios y como tal, tus hijos también vienen de sus lomos y son libres, no controlados. Trata a tus hijos con amor y pueden venir a visitar, pues algún día también pueden transmitir este amor y sabiduría que les has mostrado. Guíalos, cuídalos y ayúdalos.

1.

Las necesidades de la Tierra siempre están en movimiento, creando vórtices y redes de energía para ayudar a ajustarse a sus necesidades. El deber de nosotros, los Wicca, es sagrado en el sentido de que está dentro de nosotros canalizar la fuerza Universal para crear agencias de luz y escuelas de conocimiento con la magia divina que nos ha sido dada. Son los reinos tanto de las estrellas como de la tierra los que crean una relación que atrae y mantiene las llamas de los espíritus que activan la vida de este mundo. Por lo tanto, necesitamos proteger y nutrir esos hilos muy fundamentales y tejer una forma de vida para que se entrelace en un tapiz que continúe floreciendo.

1.

El patrimonio por el bien de la posición o la glorificación es menospreciado. El respeto reside en cómo tratas tu oficio y el camino de Wicca. Siempre hay que tener en cuenta que, aunque todos necesitamos a otros que nos ayuden a guiarnos, esos guías también necesitarán orientación ellos mismos.

1.

Mantén tus metas tan puras y castas como tu cuerpo, mente y creencias, ya que se utilizan para canalizar tu poder. Este poder debe ser tan fuerte y puro como tu convicción. Esa es la clave para conocerte a ti mismo y comunicarte con la Diosa y el Dios. Háblales, pues serás capaz de entender lo que dicen, al igual que ellos te entenderán a ti. Nosotros, los de la Wicca, los hijos de nuestra Gran Madre y nuestro Gran Padre, debemos ayudarles, de lo contrario la Diosa y el Dios no podrán trabajar con nosotros. Recuerda siempre que la Suma Sacerdotisa y el Sumo Sacerdote son los representantes más cercanos a nuestra Diosa y nuestro Dios. Recuerda la fuerza vital que representan, ya que nosotros, los humanos, también tenemos esas fuerzas dentro de nosotros, esperando ser despertadas.

1.

Crea un lugar para dar la bienvenida a nuestra Gran Madre y nuestro Gran Padre representando sus energías dentro de tus espacios sagrados. Invita a la Diosa y al Dios con la energía del amor y la sabiduría. Nuestro Círculo debe ser purificado antes de ser trazado, al igual que cualquier entrada para viajar usando el Círculo para ir y venir entre el reino terrenal y otros también deben prepararse con purificación y preparación antes de atravesar.

1.
Y nuestra Gran Madre, como dijo, "No puedo protegerte, ni te impediré explorar, ni perjudicaré tus oportunidades, ya que tienes las mismas que todos mis hijos. Sé libre pero búscame cuando lo necesites. Si tienes la devoción más sincera en tu interior, entonces tus obstáculos serán fácilmente superados".

1.
Si buscas la mitad del trabajo, entonces la mitad de la recompensa es lo que uno gana. Mientras algo es mejor que nada en absoluto, hacer todo te lleva a obtener toda la recompensa. Aquellos que carecen de convicción para aprender de nuestra Diosa y Dios se les dice: "Del Todopoderoso y de los Antiguos no te mantendrán por mucho tiempo si no eres astuto hacia el aprendizaje".

1.
Haz de tu morada un lugar adecuado para que la Diosa y el Dios entren. Considera esto lo mejor que puedas, con amor, energía y de

acuerdo con las enseñanzas de los Ancianos.

1.
   Ven ante la Diosa, la Señora, haciendo un altar para mostrarle reverencia. La exaltada Diosa, nuestra Gran Madre, vendrá y te bendecirá. Un altar de madera o piedra y herramientas donde quemar incienso y velas durante sus horas apropiadas serán observados y amados.

1.
   Ama a la Diosa todos los días, pero dirígete a ella correctamente al menos una vez al mes. Es en esos días que debes escucharla y ayudarla, y es en ese día donde la Diosa te renovará, a ti, su hijo, y te bendecirá.

1.
   Aprende las formas de crear y construir tu propio Templo y lanzar tu propio Círculo, y comprende todas las herramientas necesarias, ya que así es como uno de los artes entiende la consecuencia.

1.
   Escribe tu propio registro de tu aprendizaje y pensamientos. El camino de la Wicca debe ser registrado para que los senderos en su vida puedan ser vistos y conocidos por otros para que tomen precauciones. Cada wiccano puede comenzar su propio Libro de Luz y llenarlo con enseñanzas y antiguas tradiciones de su tradición

individual, pero que también contenga las formas y ritos que fueron cosechados por el bien de la tradición y que esto sea utilizado para transmitir la sabiduría y herencia para enriquecer las vidas de otros y de ellos mismos si así lo desean.

1.

Sigue tus estudios para entender los sigilos, la sabiduría de la Diosa y el Dios, y las figuras de su rostro, ya que te ayudarán a dirigir tus pensamientos hacia ellos. Tu comunicación será claramente escuchada por ellos siempre y cuando continúes adorando a la Diosa y al Dios que inspiran esas leyendas, estatuas y señales.

1.

Que todos los que aman el Círculo lo protejan. Si el Círculo está en tierras que posees, que todos los que estén dentro lo cuiden y lo atiendan. Que todos los miembros protejan justamente el dinero del Círculo, así como proporcionar justamente protección a la propiedad que los miembros puedan poseer.

1.

Si algún wiccano está empleado, entonces es justo que se les pague lo que han ganado. El dinero no se retiene por la práctica, sino por los servicios prestados. Sin embargo, si algún wiccano lo hace voluntariamente por el bien del aquelarre, entonces esto es un gran honor para ellos.

1.
Un hechicero que permanece físicamente casto y espiritualmente humilde en el servicio del Círculo, entonces dijo que una persona será bendecida y siempre recordada. Aquellos que dan por el bien del Círculo son aquellos cuyos espíritus serán elevados.

1.
Que se sepa que si presentas regalos para la Suma Sacerdotisa y Sumo Sacerdote de la Diosa, o para el Círculo, entonces el regalo es una ofrenda hecha hacia nuestra Gran Madre, ya que una Suma Sacerdotisa y un Sumo Sacerdote siempre harán su trabajo y la representarán para ayudar a nutrir a sus hijos. Por lo tanto, es de su verdadero mandato honrar y respetar la voluntad de la Diosa.

1.
Y la Diosa y el Dios se complacen con ofrendas simples como frutas frescas de un huerto, el aroma de árboles y hierbas maduras, los metales y las aguas de la tierra, flores meciéndose en sus prados, y la leche nutritiva que proviene de las madres. Si bien las ofrendas de trabajo duro o dinero son bienvenidas, es más si has trabajado con amor, ya que siempre hay trabajo por hacer en el servicio

de la Diosa y el Dios, así como en tu trabajo dentro del Círculo.

1.

Si las ofrendas se hacen con la intención de restaurar un equilibrio, entonces debe ser de una naturaleza que no sea ofensiva para nuestra Gran Madre y nuestro Gran Padre. El valor debe ser dado de tu corazón; así la armonía será restaurada. Tu corazón lleva el peso de lo que das como ofrenda ya que es este mensaje el que será llevado a la Diosa y al Dios. Y ese mensaje debe ser de amor y devoción al aquelarre y primero a la Diosa y al Dios. Se bendecido porque tus bendiciones llegarán.

1.

Las ofrendas deben hacerse a la Diosa y al Dios en el momento adecuado y de la manera adecuada para ser aceptadas. Cuando se haya terminado el ritual, todos los restos deberán ser quemados o enterrados en la tierra para simbolizar que todas las cosas regresan a la fuente de la observancia de nosotros a la Diosa y al Dios, y así proveer nuestra conexión continuada.

1.

El Círculo está ahí para proteger y ayudar a los miembros del aquelarre siempre y cuando la ventaja que buscas no haga daño a nadie más. Cada Wicca y Círculo se reunirán para discutir y tratar estos asuntos a fondo. Si todos están satisfechos de que nadie saldrá perjudicado, entonces la artesanía se puede utilizar. Si esto no se puede lograr para alcanzar el objetivo de un miembro, entonces tal vez el objetivo es uno que requiere un método diferente para lograrlo sin hacer daño a nadie.

1.

En el mundo de hoy, han pasado años y años desde que los wiccanos fueron colocados en fosas ardientes, sin embargo, la arrogancia puede llevar a un mal uso de nuestro poder que podría provocar persecuciones nuevamente. Por lo tanto, es necesario repetir que nunca se deben olvidar las leyes, sin importar lo tentado o herido que puedas estar. Trabaja firmemente en contra si sabes que se está violando una ley para protegernos.

1.

En tiempos antiguos, se decidió por el aquelarre, la Suma Sacerdotisa y el Sumo Sacerdote, y los Ancianos, que usar la brujería para proteger a la Wicca de la persecución estaba permitido. Esto solo se hacía después de una gran consulta y consideraciones sobre la necesidad de desviar la atención o limitarlos sin hacer daño.

1.

Deja que todo sea de alegría y deja que todo sea de belleza mientras ofreces amor en tu adoración a la Diosa, ya que ella, nuestra Gran Madre, nos ha envuelto en su alegría. Ofrezcamos amor en nuestra vida y en todo su placer mientras ofrecemos este amor al Dios, nuestro Gran Padre, porque nos bendijo para entender el placer que es la vida misma.

1.

En tiempos antiguos, los wiccanos éramos libres de persecución. Atlántida llegó y una era de mal uso del poder llegó a ser. Esto fue seguido por una era de persecución religiosa y tortura. Y así los hijos de la Diosa y el Dios tuvieron que esconderse, y al hacerlo ocultaron cualquier conocimiento que previamente compartían con el mundo y hablaban en verso secreto mientras estaban en público pero cubiertos por las sombras cuando se reunían. Esta era la única forma en que los wiccanos antiguos podían perseverar a través de los tiempos oscuros aunque mucho de nuestros caminos se perdieron por la ignorancia y el miedo provocado por otros.

1.

A medida que el ciclo continúa, el amanecer de la Madre Tierra se acerca. Para estar dentro de nuestro legado, y estar con nuestra Gran Madre y nuestro Gran Padre, debemos permanecer fuertes para que el equilibrio se realice. Las personas que buscan hacernos daño en un esfuerzo por esclavizarnos o destruir lo que somos es algo que debemos superar a través de la luz y el amor. Nunca, independientemente de las pruebas, superar mediante el uso de la violencia y el caos oscuro. En esos esfuerzos, nuestro momento llegará a la realización una vez más. Tenemos mucho trabajo por hacer en el tiempo que queda por delante. Cuando sea el momento adecuado, el ciclo comenzará de nuevo cuando el camino de la luz lo atraiga y el equilibrio se logre finalmente a través de la energía del amor.

1.

En un esfuerzo por traer los caminos de la Vida, el Amor y la Luz, nuestros caminos se están convirtiendo lentamente en conocimiento público para los demás pueblos de esta Tierra. Y esto es algo bueno ya que señala que los días de acechar en la sombra y en secreto se están desvaneciendo. Sin embargo, el compartir de estos caminos debe ser guiado por aquellos que albergan la sabiduría y el amor para educar. Dejen que los ritos de la Wicca y los secretos de nuestros caminos se mantengan sagrados. Nunca permitan que alguien profane la adoración o la herencia que hemos mantenido durante tanto tiempo, ya que la profanación de esos caminos es solo un honor perdido para uno mismo y su arte.

1.
Todos honran a la Suma Sacerdotisa que gobierna su aquelarre con absoluto amor y justicia humilde. Mientras gobierna, es ayudada por el consejo de los Ancianos y un Sumo Sacerdote de su elección, ya que todos escucharán las palabras de la Diosa y el Dios cuando son habladas a través del Mensajero.

1.
Siempre observa que mientras el Sumo Sacerdote es un aspecto de fuerza que construye el Círculo, la Suma Sacerdotisa es la líder ya que es a ella a quien la Diosa moldeó el mundo y nutrió todas las cosas en él.

1.
Es la Suma Sacerdotisa quien escuchará las preocupaciones y quejas de todos los paganos y wiccanos por igual en un intento de resolver las diferencias que surjan. Ella lo hará con un humilde sentido de justicia y razón.

1.
Todas las covens de Luz deberán decidir cómo serán formadas, ya sea usando un nombre basado en la Tierra o en la Magia. Cada hijo de la Wicca debería comprender las mejores maneras de mantenerse seguro y los peligros percibidos de su pueblo, ciudad o ciudad.

1.

Que todas las cosas necesarias para los rituales realizados en el Círculo o Templo sean dedicadas a la Diosa y al Dios. Que sean bendecidas en su nombre correcto de la Diosa y el Dios y entregadas a la Suma Sacerdotisa y Sumo Sacerdote para que cuiden de ellas.

1.

Aquellas personas de rango satisfactorio que deseen formar un aquelarre propio deben hablar con la Suma Sacerdotisa y los Ancianos para contarles sus intenciones. Si los miembros del aquelarre anterior desean unirse al nuevo cuando se forme, son libres de hacerlo dejando el que están actualmente a menos que se les indique lo contrario. Esta es la antigua ley de que todos los Wicca puedan unirse a un aquelarre de su elección, pero no pueden unirse a más de uno ya que su energía no puede ser dividida en dos o más Templos.

1.

Los ancianos de los clanes más antiguos y recién formados se reunirán pacíficamente para establecer un nuevo nivel de interactividad y relaciones entre los dos clanes. Como se sabe, una fractura dentro del clan es un mal presagio que trae conflictos. El único camino para reparar esta fisura es que ambos clanes se reúnan para un tiempo festivo como señal de unión.

1.

Ninguno con una fe o amor corrompidos será aceptado en el aquelarre, ya que eso será llamado una enfermedad y causará daño tanto al aquelarre como a la Diosa y el Dios. Es en este momento donde los sanadores deben evaluar a los enfermos y afirmar el amor de la Diosa y el Dios en ellos para que puedan sanar y estar bien una vez más.

1.

Se ha considerado que cualquier miembro del convenio, si necesita una casa o terreno y nadie quiere vender, puede persuadir la voluntad de alguien para vender, con la condición de que esto no cause daño y se pague la cantidad total del precio de venta sin regatear.

1.

La Suma Sacerdotisa convocará e investigará en consejo los conflictos y argumentos entre los miembros del aquelarre. El consejo escuchará en privado a ambas partes por separado y luego juntas. La decisión se tomará de manera justa, sin favorecer a ninguna de las partes sobre la otra.

1.

Si los argumentos persisten o alguien se niega a la resolución, entonces el Wicca debe abandonar el aquelarre de inmediato, ya que un aquelarre no puede funcionar si el Círculo no puede ser formado adecuadamente y la energía canalizada está corrompida. Es nuestro deber permitirles que se vayan por voluntad propia con amor en nuestros corazones y que un día nuestros caminos puedan volver a cruzarse como hijos de la Gran Madre y el Gran Padre. Que nadie se vaya con rencores o malos deseos, ya que eso pudrirá el poder desde adentro y te dejará corrupto.

1.

En caso de que tengamos miembros que sean corruptos y se nieguen a trabajar o acordar con otros, o al mismo tiempo aquellos que deben dirigir un aquelarre sin gobernar con las virtudes de la humildad y la justicia, tenemos una respuesta para aquel que siempre quiere tomar el mando; "abandona el aquelarre y encuentra otro. Si tienes rango, forma el tuyo propio." Para aquellos que no pueden ser justos en su gobierno, tu respuesta es clara: "Los wiccanos que no puedan soportar tu comportamiento abandonarán tu aquelarre." Por ello, a nadie se le permite unirse a un aquelarre si presenta fricciones en su persona. Esto desagradará a la Diosa y al Dios, ya que retrasará la unidad de la artesanía.

1.
   La inocencia se concede a aquellos que han hecho mal sin entender el conocimiento detrás de la decisión. Si alguien comete un error por descuido, entonces se le juzgará como carente de sabiduría y se le otorgará lo que le corresponde basado en el contexto del error. Aquellos que tienen la intención de hacer mal con más reflexión serán castigados tres veces según lo dicta el Karma.

1.
   Cada Wicca asume una responsabilidad igual por sus palabras y acciones, por lo que a los ojos de los Ancianos, intentarán rescatar una lección que se pueda aprender de ello. Esto coloca al Wicca en una posición para restaurar el equilibrio. Así que escucha a los Ancianos y a la Suma Sacerdotisa y Sumo Sacerdote cuando se dirijan a ti.

1.
   Nunca des la espalda a un extraño que quiera aprender los caminos de la Wicca si no tienen nada que dar o no vienen con vestimenta completa. Ambos son servidores de la Diosa y el Dios, por lo tanto, son iguales a sus ojos. Son aquellos que buscan a la Diosa y el Dios a quienes deberás ayudar durante su búsqueda.

1.
   Si un extraño desea convertirse en un

Wicca, deja que sus ojos hablen, deja que su espíritu te alcance, y deja que la historia de su viaje te convenza de su camino, ya que no se trata del número de personas que deseas que estén en tu aquelarre, sino de aquellos que realmente quieren estar allí para cumplir su camino.

1.
Nosotros, los Wicca, somos los niños escondidos del mundo. Somos como cuerdas de arpa, ya que cada uno de nosotros emite una nota maravillosa, sin embargo, cuando todas son tocadas juntas, creamos el sonido más melódico. Sin embargo, si nosotros, como cuerdas, somos tocados sin consideración, nuestras notas pueden causar daño. Por lo tanto, es el decreto de nuestra Gran Madre y nuestro Gran Padre a nuestros líderes de coven, Ancianos, Suma Sacerdotisa y Sumo Sacerdote, que debemos ser enseñados en la armonía, ya que al hacerlo produce pensamiento y cuidado sin daño ni caos.

1.
Los líderes del coven como la Suma Sacerdotisa y el Sumo Sacerdote, así como los maestros del coven, son roles que deberían ser elegidos con total cuidado. Si sus virtudes reflejan un dominio del conocimiento, la fe, la paciencia, la humildad, el liderazgo, la creencia, la capacidad y una naturaleza amorosa pura, entonces

así sea, porque liderarán y enseñarán a los hijos de la Diosa y el Dios y así tendrán el poder de hacer el bien o causar una fisura.

1.

Es nuestra práctica que la Suma Sacerdotisa y el Sumo Sacerdote guíen los rituales establecidos para todos los Templos de la Diosa y el Dios y, por lo tanto, te brinden satisfacción con sus sabios consejos y orientación. Sin embargo, siempre debe ser sabido y claro que dentro de todos los Templos, cada Wiccano es libre y capaz de ver y comprender las formas e implicaciones de los demás. Si no puedes explicar tales funcionamientos o sus decisiones, entonces podrías ser cuestionado o la sabiduría detrás de tus consejos será reconsiderada.

1.

La Suma Sacerdotisa y el Sumo Sacerdote deben liderar según se les permita, y su habilidad como líderes mostrará la sabiduría y la fuerza necesarias para cuidar de la cofradía. Sin embargo, si tienen mala salud, o si es momento de que la siguiente generación tome una posición, entonces déjenlos. Traspásenles la visión y sabiduría necesaria para alejarse del cargo y pasar las responsabilidades de la cofradía a la nueva generación. Nunca se apegue demasiado al cargo ni se sienta atraído por su poder.

1.
   Si una Suma Sacerdotisa o un Sumo Sacerdote desea renunciar a sus deberes, solo pueden hacerlo cuando un sucesor haya sido entrenado y debidamente reconocido. Si una Suma Sacerdotisa o un Sumo Sacerdote se aparta de la secta, entonces ya no tienen derecho a liderar la secta en esta vida, ya que la confianza ha sido gravemente quebrantada. Si regresan en el momento del giro de la Rueda y verdaderamente se han redimido encontrando una nueva luz y crecimiento desde su interior, entonces se les concede el perdón y se les permite regresar al Círculo, pero solo para adorar como miembros. No se les dará rango u oficina. Ser un líder es un honor sagrado que implica un compromiso de por vida que uno debe asumir con respeto.

1.
   Si se descubre que una Suma Sacerdotisa, Sumo Sacerdote o Anciano consienten en violar las antiguas leyes de no hacer daño de aquellos de la Coven, entonces serán inmediatamente destituidos de su cargo ya que sus enseñanzas son las que nutren la Coven, y como hijos de la Diosa y el Dios, podría llevar a la corrupción y al daño, poniéndonos en peligro a todos.

1.
Si la Suma Sacerdotisa necesita tiempo lejos de su aquelarre por motivos personales, entonces se le permite hacerlo por hasta un año y un día. Durante ese tiempo la Doncella actuará en su lugar como Suma Sacerdotisa. Si dicha Suma Sacerdotisa no puede o no regresa al final de ese tiempo, entonces los miembros del aquelarre nominarán una nueva Suma Sacerdotisa. Si hay una buena razón, la que ha realizado el trabajo como Suma Sacerdotisa sustituta continuará con la posición. Si surge otro nombre, la Doncella seguirá siendo una Doncella.

1.
Cada Sumo Sacerdotisa y Sumo Sacerdote elegirá a sus propios consortes, ya que la sabiduría es lo que se busca en el aprendizaje del aquelarre, y por lo tanto el aquelarre honrará la sabiduría de su elección. Sin embargo, si el aquelarre se siente incómodo con la elección, o creen que no es algo que puedan seguir, honrar, o formar una confianza con el consorte elegido, entonces se puede solicitar una reunión de todos los interesados para discutir y, con suerte, restablecer el equilibrio del aquelarre con amor y aceptación. Solo cuando la pureza, la sabiduría, la paciencia, la fortaleza, la agudeza y el amor estén en efecto, un aquelarre puede llevar a cabo

adecuadamente sus enseñanzas y la Sumo Sacerdotisa y el Sumo Sacerdote pueden cumplir con sus deberes como Guardianes del aquelarre.

1.

Que aquellos del Sacerdocio equilibren sus vidas entre nutrir el aquelarre y nutrir su vida personal. Ya sea la salud, las cosas materiales o los necesitados, ninguno debe ser descuidado por el bien del aquelarre. Por lo tanto, ajustarse para ambas familias es necesario para que ninguna sea descuidada, ya que lo otorgado por la Diosa y el Dios es honrado con amor y respeto.

1.

En el amanecer de los tiempos, hace mucho tiempo, se entendió que la hembra tendría el poder de dar vida. Y así la fuerza masculina fue atraída por la fuerza femenina, ya que la amaba cuando ella creaba vida y el amor que ella irradiaba. Inmediatamente se rindió a ella y enfocó su fuerza solo para promover la vida. La Suma Sacerdotisa siempre debe tener en cuenta que aquello que alimenta las llamas que iluminan sus sentidos desde su Templo debe provenir de su Sumo Sacerdote. Por lo tanto, esta fuerza debe ser utilizada por ella sabiamente, ya que solo con amor debe honrar y respetar a quien activa esa fuerza vital.

Capítulo 3: La Wicca

La Oscura Historia del Paganismo.

La historia detrás de la definición de Wicca como la primera de su tipo en inscribir múltiples tradiciones en un rito formulado en la era moderna ha causado bastante controversia entre los investigadores interesados en descubrir los verdaderos orígenes de aquellos que profesan descender de brujas o tener una práctica continua en su línea familiar como brujos, pero particularmente aquellos que afirman tener descendencia del infame Culto de las Brujas citado por Margaret Murray en sus artículos. A pesar de esto, el paganismo sigue plagado de malos rumores que se remontan a eventos de siglos pasados y concepciones erróneas albergadas. Por ejemplo, el Pentáculo, también conocido como Pentagrama, ha sido utilizado desde los antiguos tiempos de Sumeria, Babilonia, Grecia, China, Japón, y en algunas sectas religiosas como el judaísmo y el cristianismo primitivo. Normalmente es solo una estrella de cinco puntas que denota la fe, un cuerpo sano o los elementos. Incluso hubo casos dentro de algunas de esas culturas donde el pentagrama era reverenciado como un símbolo mágico. Aquí estaban algunas de las creencias que el Pentagrama sostenía:

- El Cristianismo representa los cinco sentidos, las cinco heridas de Cristo, o también podría ser simbólico del Alfa y Omega antes de ser reemplazado por la cruz. Este símbolo también podría remontarse al cuento artúrico de Sir Gawain y el Caballero Verde, describiendo las virtudes rectas de la caballería como estar cerca del sacrificio de Jesucristo. Esto se conoce como las cinco virtudes: generosidad, cortesía, castidad, caballería y piedad.

- Antigua Babilonia: una representación de sus diversos dioses y creencias religiosas. Algunas de esas creencias incluyen los cinco sentidos y los cinco planetas conocidos (en ese momento): Júpiter, Mercurio, Marte, Saturno y Venus (también conocida como

Ishtar - Reina del Cielo). El pentagrama también representaba hacia adelante, hacia atrás, izquierda, derecha y arriba.

- China y Japón - representa los elementos de la vida. Para Japón, también es un símbolo de magia.

- Egipto y los Celtas - representaban el útero subterráneo, de donde toda la vida se origina.

- Druidas - representa la Divinidad.

- Grecia - fue utilizado por Pitágoras, sin embargo, también representaba a la diosa griega de la salud, Higieia. Cuando se usaba invertido, representaba las cinco cámaras de Pentemychos, un lugar en el Tártaro donde los descendientes pre-cósmicos debían ser colocados para que apareciera el cosmos ordenado.

El último uso del Pentagrama invertido (Grecia) bien pudo haber sido una herramienta en lo que el autor del siglo XIX, Eliphas Levi, llamó malévolo.

Levi fue un escritor influyente del siglo XIX, y debido a sus puntos de vista, muchos estigmas sociales sobre el simbolismo antiguo tuvieron su significado original reescrito o reinventado para adaptarse a puntos de vista particulares. Su opinión más icónica sobre el propósito del pentagrama invertido como el sigil de Baphomet. En 1855, Levi asoció la deidad imaginada con una Cabra Sabática. Incluso describió el pentagrama invertido en Magia Transcendental, Su Doctrina Y Ritual de una manera que lo describe como similar a una cabra: "Un pentagrama invertido, con dos puntas proyectándose hacia arriba, es un símbolo del mal y atrae fuerzas siniestras porque trastorna el orden correcto de las cosas y demuestra el triunfo de la materia sobre el espíritu. Es la cabra del deseo atacando los cielos con sus cuernos, un signo execrado por los iniciados".

En resumen, los wiccanos no tienen nada que ver con adorar al diablo. Así que tómalo como quieras, no tienes que sentirte culpable si decides llevar un pentagrama. Tiene muchas definiciones, desde representar los cinco sentidos humanos hasta ser una representación de los dioses de Babilonia. En la Wicca, un pentagrama representa protección para uno mismo y se usa de la misma manera en que un cristiano lleva un crucifijo.

La Diosa y el Dios.

La Divinidad Wiccan involucra a la Diosa y su consorte masculino, el Dios Astado. La Diosa Triple es un aspecto de la Diosa; la Doncella, la Madre (a menudo vista como embarazada) y la Anciana. Tanto la Diosa como el Dios Astado también tienen aspectos astrológicos donde la Diosa representa la Luna y el Dios Astado representa el Sol; polaridades del otro. Es por esto que ves a la Diosa Triple representada como fases de la luna y al Dios Astado como el Dios del Sol.

Además de la Diosa y el Dios Wiccanos, ¿existen iteraciones descendientes de otras culturas antiguas? Por ejemplo, mientras que la Diosa puede representar a cualquier Diosa que cumpla con tus metas y necesidades, aún puedes justificarla como una diosa de la luna y buscar otras "diosas de la luna" para encontrar sus nombres. Una que destaca es la diosa romana, Diana; la diosa griega, Artemisa; la diosa nativa americana,

Athenesic; la diosa sudamericana, Auchimalgen; la diosa babilónica, Anunit; la diosa celta, Arianrhod (inspiró la Rueda del Año ya que su nombre significa rueda plateada); y finalmente la diosa keniana y ugandesa, Arawa. Todas las diosas lunares desempeñan diferentes roles dentro de sus respectivas culturas, sin embargo, es bueno tener en cuenta que una pequeña investigación te llevará a ver el vínculo entre algunas de estas diosas de la luna y la que se representa en la fe Wiccan. Lo mismo se puede decir del Dios Cornudo.

El Dios Cornudo también tiene muchas iteraciones como el Dios del Sol. En Grecia, el Dios Cornudo es la deidad conocida como Pan. En la fe céltica, la deidad Cornuda se conoce como Cernunnos. En Roma, él es Fauno, y en la India, se le conoce como Pashupati. La porción del Dios del Sol de este dios también tiene muchos nombres. En Egipto, se le conoce como Amón. En Grecia, Helios; Inti, del Imperio Inca; Tonatiuh, de los Aztecas; y Malakbel, de la mitología árabe.

Así como la Diosa es una representación de todas las Diosas, el Dios Cornudo tiene otras caras dentro de la fe Wicca. El

Hombre Verde del Bosque, y los Reyes Acebo y Roble. Mientras que el Hombre Verde representa el ciclo estacional y la reverencia por la naturaleza, los Reyes Acebo y Roble son los aspectos gemelos. Mientras uno gobern...

Capítulo 4: Comenzar con Wicca

A medida que tu curiosidad por la Wicca se hace más fuerte, está bien buscar covens wiccanos en línea. No importa cuánto recojas de este u otros libros sobre las formas wiccanas, siempre debes tener en cuenta que el verdadero aprendizaje proviene de la experiencia y la tutela más que de un relato escrito del trabajo de alguien. Tu fuerza como wiccano debe ser vista con ojos experimentados que puedan ayudarte a crecer. Incluso si no te gustan los grupos y eliges trabajar en solitario, sigue siendo una buena idea tener un líder de coven como maestro. Sin embargo, si así lo decides, es posible que solo quieras nutrir tu don por tu cuenta. Si ese es el caso, entonces que seas bendecido en tu viaje por el conocimiento. Hay muchos libros para investigar y mucha práctica que tendrías que hacer para llegar a donde deseas estar. Así que para empezar, comencemos con lo más básico que necesitarías saber.

- Configurando tu altar.
- Afilar tu energía.
- Tus herramientas Wiccanas.

En este capítulo, me enfocaré únicamente en métodos para ayudarte a perfeccionar tu energía a través de técnicas de visualización, elevación y enraizamiento, así como conceptos básicos en meditación. El conjuro de hechizos no formará parte de este capítulo.

Tu altar.

Al preparar tu altar, hay algunas cosas que debes considerar. ¿Quieres que este altar esté dentro o fuera? ¿Hacia qué dirección debería estar orientado mi altar? ¿Dónde debo colocar mi altar? ¿Qué elementos debo tener para el lado de la Diosa, del Dios, el centro, y quiero agregar algo extra?

Tu altar debería estar en un lugar donde te sientas relajado/a. Esto va a ser útil en momentos en los que quieras meditar, visualizar, orar, bendecir objetos, hechizos, o si simplemente quieres hablar con la diosa y el dios. Colocarlo dentro o fuera depende de dos cosas, qué tan cómodo/a te sientas y si puedes hacerlo. Si no puedes tener tu altar afuera porque vives en un edificio de apartamentos o sientes que no hay un espacio sagrado para ti, entonces está bien configurar uno dentro de tu casa. Lo siguiente es elegir dónde. Normalmente un dormitorio es un lugar perfecto ya que es privado y es el único lugar donde normalmente podemos relajarnos. Así que elige hacia qué dirección quieres que mire tu altar. Esto puede basarse en varias cosas. Puedes tener el altar mirando en una dirección directamente conectada con tu elemento astrológico. Puedes tenerlo mirando hacia el Norte o Noreste en conexión hacia la dirección habitual en la que los practicantes comienzan sus rituales. Puedes tenerlo mirando hacia el equivalente numérico a la hora de tu nacimiento. Incluso puedes tenerlo mirando hacia la dirección estacional de la estación en la que naciste. Depende por completo de ti cómo quieres que este altar represente tus necesidades. Después de que hayas decidido, lo siguiente es encontrar algo sobre lo cual ponerlo. Esto depende por completo de ti. Si sientes que quieres que el altar esté representado en una superficie que te empodere, entonces hazlo. Recuerda que este altar es la conexión entre tu fe y las deidades.

A continuación es saber qué colocar en el altar. Primero, debes representar a la Diosa y al Dios; luego el medio y cualquier extra que sientas que son relevantes para tus objetivos y conexión. Recuerda elegir el estilo del altar que estás haciendo. Esto significa que si sientes que tienes una conexión cultural con una diosa en la mitología egipcia, nativa americana, celta, u otras culturas, entonces usa su simbolismo para configurar tu altar y respetarlos.

El lado de la Diosa normalmente utiliza una efigie de la Diosa a la que te sientes conectado/a, una vela grande del color que sientes que representa a tu Diosa, algo que represente el aspecto femenino de la Diosa (busca el simbolismo de tu Diosa), bolas de cristal u otras herramientas de adivinación (cartas del tarot, runas, espejo de adivinación, péndulo, libro de sueños...etc.), objetos que personalmente encuentres sagrados o especiales.

El lado de Dios se establece utilizando la misma premisa. Así que por favor, busca y elige el simbolismo apropiado para el Dios al que te sientas conectado. Una diferencia entre esto y la Diosa es que tendrías que elegir un objeto apropiado para dos elementos masculinos.

El centro de tu altar es el área que más utilizarás, así que coloca a tu deidad patrocinadora y sus objetos allí. También tus elementos básicos (como herramientas de adivinación, herramientas de lanzamiento de hechizos, incienso, velas... etc.). También puedes tener otros aspectos de tu adoración como tu Libro de las Sombras, velas, varitas (aspecto masculino), Athame (aspecto masculino), Pentáculo (aspecto femenino), piedras o cristales, o talismanes. Sea cuales sean los objetos que decidas usar, asegúrate de que tengan una fuerte conexión contigo y tu deidad patrocinadora. También puedes colocar objetos adicionales en el altar.

Afilar tu energía.

Así que ahora que tienes tu altar preparado, comencemos a hacer fluir tu energía. Dos formas de hacer esto son visualizar tu energía fluyendo por todo tu cuerpo e incorporar una actividad o un área donde sientas que tu energía te brinda la mayor confianza y determinación en todo tu cuerpo y actitud. Elevar tu energía es importante para el lanzamiento de hechizos, rituales, ceremonias, oraciones, círculos y adivinación. Sin embargo, es igual de importante dejar que esa energía fluya lejos después de terminar. Aquí es donde se usa aterrizaje. Demasiada energía activa sigue presente después de hacer un trabajo espiritual. Esto puede llevar a molestias ya que tu cuerpo experimentará tensiones, dolores o sensaciones extrañas en algunas áreas. Si esta energía activa continúa presente, podría llevar a enfermedades y letargo. Sí, tiene la capacidad de absorber energía. Así que recuerda, a medida que invocas la energía, tanto la dejas ir hacia la tierra. Así que agradece a las deidades que te brindaron el impulso y agradece a la tierra por llevarlo y sacarlo lejos de tu cuerpo.

La visualización es exactamente lo que parece. Uno se coloca en un estado relajado, cierra los ojos, toma respiraciones profundas pero calmantes. Deja que tu consciencia se desplace por todo tu cuerpo, permitiéndole entender la disposición de tu cuerpo a medida que empiezas a sentir ligeramente sensaciones de hormigueo. En este momento debes practicar sintiendo la energía en tu cuerpo. Practica sintiendo la energía en tus dedos de los pies. Lo que quieres lograr es sentir cómo tu energía recorre tu cuerpo hasta la coronilla de tu cabeza. Visualizar tu energía de cualquier manera que funcione para ti y tener una buena sensación de la energía en tu cuerpo requerirá práctica. Esto te ayuda a entender cómo fluye en tu cuerpo.

Entonces después de que hayas terminado tu hechizo o oración, queda energía activa. Lo que quieres hacer ahora es aterrizar la energía. Esto significa que estás dirigiendo la energía que has acumulado para que vaya al suelo donde será absorbida por la tierra. Esto funciona visualizando y sintiendo. Nuevamente, en un estado relajado, dirige tu energía hacia abajo hacia tus pies. Ahora sentirás que su presencia abandona tus pies y entra en la tierra debajo. Empezarás a sentir una sensación de conexión. Esto se llama enraizamiento. Esta es la conexión de tu forma humana extendiéndose hacia la tierra. Dile a la energía que vaya hacia la tierra. Deseale una despedida y lo que deseas que haga para ayudar a la tierra. Deberías empezar a sentirte más tranquilo. Cuando esto suceda, puedes detenerte. Dile tus bendiciones y gracias.

Además de tu altar y tu práctica energética, están tus herramientas artesanales. Estas son tus instrumentos, o tu kit de herramientas, para los momentos en los que lanzas o bendices, o proteges. Todo trabajador las tiene. Puede ser una o muchas cosas. Esto depende de ti según a lo que estés espiritualmente atraído. Herramientas como varitas, varitas de plumas, cuencos especializados, abanicos, talismanes, atrapasueños, mortero y mano, incienso, campanas, libros de escritura sagrada, paños blancos pueden ser utilizados. También hay ingredientes desechables para ayudar en cosas como aceites, hierbas, plantas, tierra, varitas de salvia, agua, elementos benditos, vinagre, sal, azúcar, leche, sábila, flores y tu maleza común.

Depende de ti lo que elijas como tus herramientas, ya que te atraerán a ti y solo a ti. Cuando hayas decidido o recopilado tus herramientas, asegúrate de mantenerlas envueltas y guardadas en un lugar seguro. Cuidar tus herramientas y tu altar son facetas importantes para cuidar tu fe y tu conexión. Así que confía en tu energía y cualquier visión que puedas recibir sobre tu camino para ayudarte.

Capítulo 5: Trabajos de hechicería

Finalmente, el capítulo que has estado esperando, Trabajos de Hechicería. Este capítulo solo te dará los tipos básicos de hechizos que puedes usar para ayudar a mejorar tu vida, protegerte de fuerzas negativas, limpiarte de negatividad, desterrar fuerzas negativas existentes, y métodos de comunión o meditación para tener visiones.

Antes de que lances.

Es importante que dejé este capítulo para último debido a la abrumadora construcción de que la Wicca se trata solo de hechizos y símbolos. Bueno, estarías equivocado. También te aconsejaría profundamente que no creas lo que ves en la televisión. Cualquier fe tiene una mezcla de ambos reinos físicos y espirituales. Por lo tanto, si bien puede que no sea incorrecto creer en milagros, sí es incorrecto creer que puedes maldecir a alguien porque tienes el poder para hacerlo. Recuerda el Rede, los ardanes y la Ley del Tres. Estos fueron mencionados en el capítulo 2 por una muy buena razón. Si, como bruja solitaria, decides que tu camino es uno en el que te enseñas a ti mismo, entonces debes ser extra cuidadoso y asegurarte de que no vas a abusar del don que se te ha dado. El lanzamiento de hechizos no tiene efectos especiales de Hollywood detrás, es sutil. Se alinea con las fuerzas que mueven el mundo y el universo. Es la misma longitud de onda que la misma fuerza de vida. Lanzar hechizos es mover esa energía con tu intención para que un resultado se manifieste. Ten en cuenta, al lanzar hechizos, estás trabajando con la naturaleza misma.

Los hechizos normalmente utilizan elementos vegetales para ayudar. Especias como el cilantro y el pimentón tienen propiedades ligadas a la elaboración de un saquito herbal que se utiliza para ayudar a reparar relaciones problemáticas. Algo como la menta puede conectarse contigo más y por lo tanto podría ser tu planta de elección cuando se trata de alcanzar tus metas. Las plantas, incluso si son simplemente malas hierbas, pueden ser utilizadas con aceites para bendiciones, protecciones o destierros. Pueden ser utilizadas en comestibles, aerosoles, jabones, o simplemente en una bolsita colocada bajo tu cama o almohada. Las plantas también pueden convertirse en diferentes tés. Estos tés pueden variar dependiendo del propósito de la planta y si estás utilizando una versión recién recolectada en su momento o juventud, una versión seca o una versión en polvo. Recomiendo investigar un libro sobre plantas para comprender cada propiedad ya que tienen propiedades curativas, de bendición, limpieza y destierro. Recuerda, una planta común puede tener una multitud de usos basados en cómo las utilices.

Antes de cada hechizo o ritual hay una oración por la seguridad. Esta oración debe ser capaz de protegerte a ti y a tu entorno de ser invadidos o atraer espíritus o energías que no pertenecen allí. Una oración simple está bien, pero debe ser dicha cada vez que decidas hacer un hechizo, meditar, o incluso centrarte. Cuando te colocas en una posición de vulnerabilidad espiritual, inadvertidamente abres un camino para que otras cosas entren. Así que protégete pidiendo a tus deidades que te protejan mientras lo haces.

Hechizos básicos.

Destierro de malas acciones y energía.

- Identificar dónde está el problema y orar por protección mientras te unges con aceite de oliva de la cabeza a los pies.

- Con tu energía elevada, usa Salvia y Sal Marina Gruesa como tus herramientas.

- Invoca la ayuda de tus deidades y hazles saber cuál es tu intención para el hechizo. En este caso, estás desterrando un mal de tu hogar. Pide que su energía trabaje a través de ti y pide que te ayuden capturando la energía cuando identifiques dónde está. Especifica que quieres que lleven esa energía de regreso a donde vino y sellen el camino para que nadie pueda entrar mientras se va.

- Si tienes otros elementos espirituales, pídeles que limpien la casa de otras energías que pueda haber dejado y que las envíen de vuelta también.

- Siempre di esto en nombre del creador.

- Procede a echar fuera el mal con la sal mientras dices esto. Ve hacia tu puerta mientras arrojas la sal. Quema salvia en todas las áreas de tu hogar mientras continúas con tu oración. Todos los rincones y lugares oscuros deben ser tocados por la salvia. Dirígete a tus ventanas y puerta con la salvia y sahumar la puerta misma.

- Cuando hayas terminado, finaliza tu oración como lo harías. Enciende un incienso en tu altar para agradecer a los espíritus por su ayuda. Abre la puerta o ventana para simbolizar que los espíritus se llevan el mal. Cuando sientas que esto está hecho, puedes cerrar tu ventana o puertas.

- Arraígate y envía la energía extra hacia la tierra. Agradécele por todo su trabajo y ayuda.

Protección de Castings Para Ti Mismo.

- En tu altar, eleva tu energía.

- Dirígete a tus deidades.

- Pídeles su protección. Si hay algo específico de lo que quieres protegerte, hazles saber.

- Termina el hechizo como una oración de la forma que desees.

- Conéctate con la tierra.

Limpiándose a sí mismo.

- Prepara un baño.

- Usa herramientas en las que creas que limpiarán tu espíritu. Si tienes aceites de flores, aceites de bendición, leche, menta o salvia, entonces puedes usarlos. Si tienes otros con los que te sientas particularmente fuerte, entonces úsalos también.

- Velas e incienso ayudan a enfocar tu intención con las deidades y a quienes quieres que te ayuden.

- Pide protección mientras colocas tus herramientas en el baño. Ruega por lo que deseas lograr y a dónde quieres que vaya la mala energía. Hazle saber a los espíritus, al igual que el hechizo de destierro, a dónde quieres que la lleven y cómo quieres sentirte como resultado de que se vaya.

- Entra en el baño. Mientras te empapas, sumérgete completamente en el agua. Si no, entonces moja todo tu cuerpo empezando desde la parte superior de la cabeza hasta la planta de los pies mientras recitas la oración. Asegúrate de haber elevado tu energía para hacer esto.

- Continúa remojando hasta que sientas que algo se va. Di tu oración de agradecimiento y termínala como lo harías.

- Ponte en contacto contigo mismo.

Oración por la Buena Fortuna

- En tu altar, di una oración de protección.

- Dirígete a tus deidades. Hazles saber cuáles son tus preocupaciones.

- Pídeles no solo por buena fortuna y buena suerte sino también para que tú seas guiado y se te muestre el camino.

- Pídeles su continuo apoyo y agradéceles por todo lo que han hecho por ti.

- Termina la oración como lo harías.

Trabajo de visión

- En tu altar, di una oración por protección.

- Dirígete a tus deidades.

- Vístete con ropa que creas que represente mejor la pureza en un sentido espiritual.

- Ve a un lugar donde te comuniques. Lleva herramientas que ayuden con la meditación y representen tu aceptación de tu protección espiritual.

- Los ojos pueden permanecer abiertos o cerrados mientras tomas respiraciones profundas. Comienzas a sentirte relajado/a mientras te dejas llevar a algún otro lugar.

- No hay un tiempo establecido para esto, ya que ver visiones o signos ocurren en su propio tiempo. Lo que realmente importa es la paz mental que sientes y tienes mientras haces esto.

- Ya sea una epifanía o una señal visual, has visto algo. Esta es tu respuesta. Sonríe y agradece a tus deidades como lo harías.

- Límpiate en un baño o ducha regular.

- Guarda tu ropa sagrada.

- Ponte enraizado.

Conclusión

Gracias por llegar hasta el final de Wicca Para Principiantes, esperemos que haya sido informativo y capaz de proporcionarte todas las herramientas que necesitas para lograr tus objetivos, sean cuales sean.

El siguiente paso es mantener este libro como una referencia para todo lo que hagas en Wicca. Junto con tus enseñanzas, deberías ser capaz de entender los fundamentos de Wicca y su variada historia. Muchos intelectuales y trabajos han sido escritos que han ayudado a Wicca en su camino hacia la aceptación global, por lo que es importante recordar siempre que no es lo que ves en la pantalla grande o la pantalla pequeña lo que hace que tu determinación sea grande, sino el conocimiento genuino que se puede obtener de la sabiduría de aquellos que han fallecido y de aquellos que están mirando hacia el futuro.

Hay muchas cosas que puedes hacer

ahora que has terminado este libro, pero la única cosa en la que siempre debes esforzarte es ser tú mismo. Siempre sigue aprendiendo. Siempre mantente abierto y aceptando hacia los demás. Siempre mantente consciente de tu entorno. Y siempre ten en cuenta tus necesidades y metas. Este libro fue solo el comienzo de tu camino, así que por favor consérvalo para recordarte a ti mismo a aquellos que vinieron antes y cómo cambiaron la narrativa sobre la religión. Que seas bendecido en tu viaje.

www.ingramcontent.com/pod-product-compliance
Lightning Source LLC
Chambersburg PA
CBHW050208130526
44590CB00043B/3291